AF286774

1

De gold'ne Middelwech

Heiteres und Besinnliches
von
Karl-Heinz Ohlhäuser

1. Auflage mit neuen Texten

(Originalausgabe 2001)

3

© 2001 Karl-Heinz Ohlhäuser
© 2013 K.-H. Ohlhäuser / R.W. Noll

Umschlaggestaltung: Karl-Heinz Ohlhäuser
Herstellung und Verlag: BoD - Books on Demand

ISBN: 978-3-8482-5083-7

Inhalt

5

De gold'ne Middelwech

De Hannes kummt heem un zieht e Schlerr.
„Was ischen los – wu kummschen her?"
„Ich hab mich geärjet iwwer de Filb,
weil der immer mei Reewemesser will!"

„Un, hoschsem gewwe fer umme?"
„Nee, ich hab de gold'ne Middelweech g'numme!"
„Halsch mich fer bleed –
hotters odder hotters net?"

„Hetters – dann wers fort fer alle Daach,
er hotts net un s'war a ken Krach,
mer ware friedlich un hänn net gschdridde,
uffem goldne Wech dorch die Midde."

„Is dort der Middelwech – wu'd warsch?"
„Nee, ich hab zum Filb gsaad:
Geh her unn legg mich am A...!"

Lääwe is schee

Wammer schun nix mitnemme kenne,
will mer's Lääwe doch bhalte.
Dodezu e paar Tibbs um's zu gschdalde:

Kenner muss im Alder uff de Kärschhof renne,
losst eich viel Zeit – duud eich was genne.
Ehr kennt aach schbaare uns Gerschdel ve'erwe,
awwer dodemit dud ehrs mit all de Verwande
ve'derwe.

Ihr griets jo nimmi mit – kennts aach net seh –
wann? – dann deed ehr eich im Grab rumdreh.
Un ward ehr aach nowel wie en Keenich –
glaabt mers – s'war un s'is immer zu weenich.

Un um de Krach unner derre Bagaasch zu meide,
wanners kennt, gebts aus – un des beizeide.
Die hinnedraa werre maule – griehn Gosch net zu –
awwer eens is gwiss – ehr habt eier himmlisch Ruh.

Wie ichs Lääwe geniess, sollner wisse,
habs net schdudiert – habs a erscht erfahre misse.
Mein Wech zur Eisicht un Zufriedeheit,
war arsch holwerich un unendlich weit.
Den bin ich geloffe, gschdolbert, gegroche,
un hab mer manschmool schiers Genigg gebroche.

8

Jezzat, no iwwer 70 Johr, is de Weech gut eewe
un heit du ich bedachder un freier lääwe.
Du viel klennere Bretscher bagge
un fer annere nimmi de Daggel mache.
Aach's Fernseh kammer de Daach net weise,
liewer mit de Fraa schbiele, wannere un reise.

Mer braucht Ziele um de Zeit zu gschdalde
un die muscht fescht im Aach behalde.
Jeden Daach dun mer do draa denke
un losse uns vun nerchens un nix ablenke.
Aach net vun Sorje un Zweifel –
fort demit – am Beschde zum Deifel.
Die mache dich krank, verwerre die Sinne
un keen Dogder wird bei dir was finne.
Keener die krank vum Drinke un Esse,
awwer schun manchen hot die Angschd uffgfresse.

Wie werds werre – hab ich mich efder bsunne –
un ledschd, isses immer annerschder kumme.
Do denk ich heit draa un du lache -
Sorje soll sich doch de Nochber mache.
Hot der mool widder Krach im Sagg,
dann wink ich dem glei afangs ab –
denn – die Kretz am Hals – de Blitz soll dich beim ...
(mei ganzes beeses Hoffe)
is nochem Schdreit niemools eigetroffe.

Newebei, wann du mool schdreidschd,
du selbschd am meischde drunner leidschd.

9

Wach ich morjens uff – de Himmel grau,
digge Drobbe am Fenschder runnerfließe,
free ich mich – brauch jo net zu gieße.
Hots achmool aschdennisch gschebbert
un ich hab e Tass zerdebbert,
du ich nimmi im Zorn versinke –
finn mich ab – aus der kannsch halt nimmi drinke.

Mit denne Beischbiel will ichs losse,
des sin fer mich heit alles Bosse.
Loss den flieche de alde Hut,
denn nooch de Ebbe kummt die Flut.
Do werd aach viel uffgewiehlt –
awwer's Meischde widder fortgeschbielt.
Aach des vun geschdern geht mit unner,
dodebei de Ärjer un de ganze Kummer.
Uns Vergangne – was no an mer henkt,
des werd aach mit fortgeschwemmt.

Erlääwe kann ich nur de jetzich Zeit
un beede: „Unser däglich Brod, des geb uns heit!"
Un jeden Owend sach ich dankbar in meim Nescht:
„Heit is widder de schenschte Daach gewesst!"

Gsetze misse sei

Ob dich langsam bewegschd odder hetscht,
in Deitschland machsch alles noochem Gsetz.
Auskenne un ve'schdeh duud des ken Deifel,
selbscht die Mächer sin im Zweifel,
die hawwes schwer – denne fallt nix meh ei –
egal – Gsetze misse her – Gsetze misse sei.

An die Erdanziehung hot mool eener gedacht
un vor 400 Johr do draus e Gsetz gemacht.
Die Leit sollde wisse, was sie uffem Boddem halt
un aach, warum alles nunner fallt.
So Gsetze, die vergreßere dei Wisse –
brauchsch ken Aawalt un wersch a net bsch….
neigelecht.

De unnerschied zwische Netz un Gsetz?
„Im Netz bleiwe die Große hänge
un die Kläne falle durch!"

Abzoggerei

Willsch was kaafe uff dere Welt,
brauchsch vor alle Dinge Geld.

Musch bezaale – do helfe kee Drix,
denn fer nix, do gibt's heit nix.

Was es koscht is gschriwwe – wann net, duud mer
de Preis deer saache.
Ich kann's lese – ich heers aa – awwer ehr Leit:
„Ich kann's als net glaawe!"

Bleedsinnich

Weil unser Kieh vum Wahn besesse,
sollscht heit kee Fleesch mehr esse.
Frigadelle, Schdeeg un Broode
sinn in de Kich ab heit verboode.
Sunscht grieschs an die Erbs – wersch bleed –
doch fer manchen is des schun zu schbäät.
Die waren friher schun beklobbt,
do war des Vieh no net gedobbt.

Hosch no keen Magge, frogsch heit dich:
„Was bring ich morje uff de Disch?"
Beim Schwein, beim Fisch un Feddervieh
hosch wennich Fleesch un meh Chemie.
Brauchsch kee Pille, kee rote, kee gelwe –
frischd drei Schnitzel, hosch genau desselwe.
Awwer fihlsch dich gsund un soll's so bleiwe,
musch des ganze Viehzeich meide.

Mit Nuudle, Gemiees, kannsch nix verderwe –
un hosch een Vordeel: Duschd gsinder schderwe.

13

Fer de Eene de Euro –
fer de Anner de Teuro

Was hemmer friher uns uffgereecht,
wann uns en Hännler hott neigeleecht.

Heit isses denne ehr Schderge,
zu bscheisse uhne dass mers merge.

S'is jo aach e Leichdichkeit,
denn in em halwe Johr ist EURO-Zeit.

Dennoch hemmer die D-Mark ball vergesse –
un bis mer Worscht saache kenne, hawwe die se
gfresse.

Die beisse heit schun fescht in de Kuche
un de Rescht griehmer 2002 zum versuche.

Hiegschmisse wie en Knoche em Hund
kannsch net verschdigge, die Brogge sin rund.

A Sache zum alde Preis kannsch no hawwe
halt mit wennischer drin – un ausse meh Babbe.

Jezzat werre die Ardiggel gedrimmt,
dass es noochher middem EURO schdimmt.

Die halde uns fer dumm un dimmer
un glaabt mer's: S'kummt noch schlimmer!

Verkaaft der Eeni beleechde Breetscher uff d'Hand,
musch 15 Cent meh berabbe –
weil die Bägger 5 Cent uffgschlaahe hawwe.

Dann sin die 10 Cent fer die Zeit – heert, heert –
wu die Verkeiferin dich hott uffgeklärt.

Liewer Keifer loss der saache:
Rabadde werre vorher druffgeschlaache!

„Derfs e bissel meh sei?", hosch friher gheert,
doch heit ischs grad wie umgekeert.
Heit empfinne die Verkeifer Quale
wann froogsch: „Derf ich e bissel wennicher
bezaale?"
Reitschd schdolz in de Laade uffem deire Geilche,
drin machschd de Ärmscht – des nennt mer
feilsche.

Gelernt hosch des im Land der Pyramide
mit de Hälft ware die dann a z'friede.
Die hott keener zornich odder arm gemacht –
war mer sich eenich, hammer alle zwee gelacht.

So solls ja jezzat in Deitschland sei,
de Eene leecht, de Anner nei.
Verkeifer un Keifer hawwe ball ehr Methoode –
was es koschde soll, des werd geroode.

S'beschde, schmeisch dem de Geldbeidel vor de
Bauch:
„Do nemm der grad raus, wa de brauchsch!"
De Aschdand un die Wohret sin wie wechgefeecht –
keener lacht, jeder hilft sich – neigeleecht.

Immer uff die armen Raucher

Die Äärmschde vun all denne Verbraucher
sin heitzudaach die nixnutzische Raucher.
Hott der Schdaat ke Geld im Sogge,
dud mer die z'erscht abzogge.
Des sin kee Penning – do werd geklozzt
un zuletschd werrese aa no aagemozzt.
Behannelt wie'n Ve'brecher:
„Nikodingribbel, Blozzer, Kibbeschdescher."
Des sin de Beese, de Wieschde,
sie werre verfolcht wie frieher die Krischde.

In ken Fliecher, kee Ziech un Amt derfsch meh nei –
wersch verwicht, dann schberre se dich ei.
In Gaardewertschafte gibt's schun Raucheregge,
willsch enni schdoose, musch dich verschdegge.
B'sunners vor denne, die johrelong geblozzt,
wersch am määrschde aagekozzt.
Weil dies uffgewwe hawwe, mache se Krach.
Is doch kee Kunschd – hab ich schunn 100 mool
gemacht.

Jezzert hab ich e neii Methoode,
die will ich eich Qualmer mool veroode:
Denooch gibt's kee Zigredde mäh –
die ledscht wird g'schnorrt, dann fall ders nimmi
schwer.
Du laafsch 20 Schritt voraus,

17

ziehsch fescht aam Glimmschdengel in eenere
Paus.
Beim negschde mool sinds e paar Meder mäh
raachsch widder wien Schlot eenie im Schdeh.
Un so laafsch enschlosse bis am End
die ledscht Zigredd is abgebrennt.

Jezzat hääst's uffgebasst:
De Kibbe fort un keeni werd meh aagefasst.
Moin Fehler war: Ich bin weidergange
un hab widder zum Raache aagfange.

Un so laaf ich heit no dorchs Land
un hab immer no moi ledschdi Zigredd in de Hand.

Hausgewidder

„Karl – deeschte net uffheere zu raache?"

„Warum?"

„Schunn weeche deiner G'sundheet!"

„Seh ich vielleicht krank aus?"

„Wees net, Karl, des siecht mer jo net vun auße, do misst jo jeder Raucher quiddegääl im G'sicht sei – so wie die Finger. Nee, Karl, des Gift frisst in der un wann ebbes merksch, bisch hie. Vielleicht hosch a schun de Dalles!"

„Dann brauch ich a nimmi uffzuheere!"

„Karl, sei doch verninfdich – denk doch aa an mich!"

„Des mach ich jo de ganze Daach. Un wann ich denk, dann muss ich raache!"

„Dass ich net lach. Du raachsch net bloos beim Denke. Du raachsch doch bei alle Gelecheheide: Wann Zeidung liescht, vorm Esse, noochem Esse, beim fernsehgugge. Mer fällt garnet ei, wann du mol net raachsch?!"

„Nachts im Bett, wann ich schloof!"

„Nee, do net – do duuschd mer was huschde. Karl, hosch schunnemool zammegerechelt, was die Wolke koscht, die du in de Himmel blozze duuschd?"

„Nee!"

„Karl, mer kennte e vierschdeggischdes Haus hawwe, wann uffheere deetscht!"

19

„Ha, ha – weesch du was des koscht? Do misst ich jo hunert Johr alt werre, bismer aafange kennte zu baue!"

„Bei der Rechnung schun, weil du mit de Schachdel Zigredde rechelscht fer zeh Penning. Was verraasch dann am Daach?"

„Ich weeses net, ich hab's net zammegezäählt!"

„Jezzat mus ich awwer lache, du Zehnachel, rechelsch mer des Koschtgeld in de Woch vor, willsch vun jedem Penning wisse, wu er hiekumme is!"

„Heer mol, des verschdehsch du net. So, Wie en Raucher raacht, so kaaft der aach – uhne zu denke."

„Vorhin hosch gsaat, du denksch de ganze Daach!"

„An dich, Mamme, an dich!"

„Du Schbrichbeitel. Is der nonet uffgfalle, wie oft ich Gardine wäsche muss?"

„Nee, ich bin jo unnerdaach net dehääm!"

„Karl – du willschs net wisse un mer isses grad so, als wann ich em Ox in's Horn päzz. Karl – ich verschbrech der aa, wann uffhere deetsch zu raache, brauchsch mer zum Gebortsdaach, Hochzichdaach, Weihnachde nix meh schenke!!"

„ A jo – wann du dodemit rechelsch, dann hemmer schun in e paar Johr unser vierschdeggisches Haus beisamme!"

„Heer doch uff! Du duusch jo grad so, als wann mich mit Gschenke iwwerheife deetsch. Grad du, du

Kimmelschbalder, du Penningfuxer – Gewittel nochemool! Mach kenn Zores – du regsch mich uff. Du bisch doch en Flehpeter. Wann ich dich net laufend schdumbe deet, deetsch du doch alles vergesse. Wann hosch dann du mer's ledschde mool Blumme gschenkt?"

„Wees ich net – do muss ich basse!"

„Nee, garnix weesch du, bloos was es koschde deet. Wann des weesch – du bisch doch so ehdormlich!"

„Jesses Mamme, war des jezzat notwennich mich so abzudaggle? Du glaabsch jo net, wie mich des uffgereecht hott, wo ich des doch iwwerhaubt net vertraache kann. Du weesch genau: Wann ich mich so uffreech, dass ich dann widder Eeni raache muss!!"

De Unnerschied zwische eener Zigredd un em Heiwache? – Vor'm Heiwache ziehe zwää Oxe!"

Erwet heit?

Wie zum Wingert die Reewe,
gheert die Erwet zum Lääwe.
Die Erwerbslose schdimme mit ei,
die Annere meene, des misst net so sei.
Die Owwere duun mit ehrne Reforme groß prasse –
die wu's aageht, duun die Leit entlasse.
Zu denne kennte mer all zum Schaffe kumme –
awwer im Aggord, un des noch fer umme.

Wie grieh ich Erwet, des is die Frooch,
fer die, die welle, e eenzichi Blooch.
Nix nizzt denne ehr Schreiwerei
uhne Beziechung un die richdich Bardei.

„Herr Diregder, moi Dochder schreibt ganz aggurat!"
„Des macht bei uns de Schreibautomat!"
„Un, Herr Diregder, im Rechle do isch se e Luuder!"
„Dodefor hemmer heit en Kompuder!"
„Ehr Fichur, Herr Diregder, ehr Fichur is oiwandfrei!"
„Soo? – Dann schigge se ehr Dochder mol vorbei!"

22

Der gegloonde Schdammhalder?

Meiers hawwe siwwe Mädcher, es fehlt en Buu.
De Vadder jammert: „Ich loss kee Ruh –
mei Gschäft kann bloos en Buu bedreiwe
un unsern Name muss erhalde bleiwe!"

Sei Fraa hot gheilt un ihn aagefleeht:
„Karl, uhne mich – wann's so wieder geht!"
Awwer de Karl hot se jo net ernscht genumme
uns achde Mädche is uff die Welt gekumme.

Do hotter gegrische uns Doowe aagfange.
Die Meiern hott gheilt un is zum Dogder gange.
„Herr Dogder, ich bring mich um, wer no verriggt,
wann mei Mann ken Buu meh griet!"

Der Dogder hat sichs Herrn verrenkt
un geroode, an was des liche kennt.
„Bloos mit Greese 35 in de Schuh,
grieht ehrn Mann s'lääwedaach kenn Bu.
En Buuwevadder war de Adam aussem Paradies,
der is geloffe uff zwää ganz große Fieß.
Wannse so eener hädde, dann wer Ruh
un eier neindes Kind, des wär en Buu!"

Die Meiern is dann häämgetrollt:
„Karl, verzeih mer, awwer du hoschs gewollt!"
In Gedanke hottse die Bekannde dorchgemacht
un bloos an denne ehr Fieß gedacht.

23

Sie hott sich rundum bsunne –
awwer mittem Adam seine Fieß war keener drunne.
Aafang Mai – vielleicht aach schbääder –
kam de Poschdboot in mordsmäsische Treeder.

In denne het ehr'n Mann drin wenne kenne,
vor Freed fing die Meiern aa zu flenne:
„Kumme se mool roi, ich hab ehrne was zu saache,
hogge se mool hie un duun Eenie raache!"

Dann hott se de Poschdboot aagefleet
un 100 Maak geboode, wann ers mache däät.
Dem Poschdler wars dormlich, er konnt bloos no
lalle.
Sie hotten gepaggt un is mittem uff de Boddem
gfalle.

„Liewi Fraa, im ganze Lääwe het ich des net
gemacht
awwer die Schuh vun meim Bruder, hawwe mich
schier umgebracht.
In denne kann ich schun lang nimmi gscheid laafe,
ich hab Schuhgreeß 35 un fer 100 Mark, kann ich
mer endlich die Bassende kaafe!"

Getrennt is mer glei

Friher, do war de Zeit un Eh' uns heilich,
die Junge hawwes heit meh eilich.
Nooch dreimool gedanzt un dann ins Nescht,
schdeit bei denne schun's greeschde Fescht.

Un bis de Ää de Anner kennt,
sinse widder vunnanner gedrennt.
Do wird geblärrt, prozesst, gedäält
un dodebei die äächne Kinner gequält.
Was sollnse mache bei dem Gedees?
Zu wem sollnse halle – wer is de Bees?
Verlosse sinse – kenne sich net weere –
bis de Richter saat – zu wem se gheere.

De Unnerschied zwische verliebt un verheiert?
Verliebte saache: „Ich dich aach!"
Verheierte saache: „Du mich aach!"

25

Rendnerlääwe mit Froochezeiche

Kaum hosch griet vun de Schul deu Wisse,
dann als Lehrbuu dief dich nunnerbigge misse,
odder hott die Unni dich dressiert,
hänn se dich ball vor de Karre gschiert –
hosch dich eigschafft un eigelääbt,
mit viel Fleiß nooch owwe gschdreebt.

Des Alde gmacht – viel Neies begunne –
warsch mool owwe – aachmool hunne –
beinoh verheiert mit dem Laade
bis uhne mich dud hier nix laafe.
Doch iwwerhoolt hott dich die Zeit
un uff emool wars soweit.

Warsch Rendner – sunscht no kloor
fer was? – jetzt schdandsch vorm Door.
Mit große Redde un viel Loowe
warsch uffs Abschdellgleis gschwoowe.
Endhaldeschdell – de Karre bleibt do schdeh
un abpfeife – duud bloos no de Fraa dehääm.
Die schbield schun 40 Johr im Haus die Fleed
un zum Umorschle kummsch zu schbäät.

„Du hoschs guud", babble die Eene,
weil rumgammelsch kennt mers määne.
Hersch vun de Annere: „Ich wollt deu Lääwe",
doch des, des is nimmi aazuschdreewe.

26

Bloos vun deine Brieder is net viel zu heere,
wann se norre aaschbrisch duusch se schdeere.
Weche Bandscheib, Zugger un noomeh
kenne di uff emool nimmi kechle geh.
De Negscht wu froogsch hott aach kee Zeit –
der hiet Kinner – seini un die vun annere Leit.
Der duud sich heit no de Herzbännel abrenne
dodebei missd der bloos „Nee" saache kenne.
De Reschd hott Fernseh-, Compuder-Indresse
un die, die kannsch fer alle Zeit vergesse.

Kummscht der verlosse vor – versezzt
froogsch dich: „Was mach ich jezzt?"

Hosch kee Hobby g'hat im Erwetslääwe,
brauchsch a kens meh aazuschdreewe.
Du duusch der mit allem werglich schwer
un laafsch nur uuzufriede hinnerher.

Hosch mool Schdihl verschmeert mit Farwe,
bisch ken Kinschdler – kannsch mers glaawe.
Kennsch bloos de Zeidung un warsch net weit
fern Beschdseller langd a nimmi die Zeit.

Vereine kennen der die Zeit vertreiwe
bloos sollsch net an jedem henge bleiwe.
Die duun jo net bloos wannere, turne, singe, lache,
die kenne aussem Rendner aach en Daggel mache.
Wenn nix laaft, gehsch in die Kärch wanns bimmelt
vielleicht griech no en verdiente Platz im Himmel.
Am Schenschde wärs halt um die Weld zu reise

un fer ummesunschd, des kennschd der leischde.

Viel hawwe gedräämd, wie schee's Rendnerlääwe
wär,
doch uffgewachd sin a Viel erscht hinnerher.
Nur des was war, was is, des isch wohr.
Wie werds werre? Des is kemm vun uns kloor.
Soll sich keener gedroffe fihle odder gekrenkt,
es kummt halt annerscht, als ma denkt.
Wie beim Kaadeschbiel – do gibt's große Drimb un
klenne –
awwer gewinne, uhne Drimb, des sollsch als
Rendner kenne.

28

Geredd is annerscht wie gedenkt

Was schafft dann die Müllern in dem neie Haus? Ich bin jo net neigiersich un s'geht mich aach nix aa – awwer indressiere deets mich scho.

„Tag, Frau Müller, Lange nicht gesehen, wohnen Sie jetzt hier?"

„Wissen Sie es noch nicht, Frau Meier, wir sind umgezogen. In der Ludwigstraße wurde es uns zu laut und wir haben schon lange eine größere Wohnung gesucht."

Die Müllerin määnt ich kaaferre des ab – wo ich doch gheert hab, dass se mit alle Nochbersleit Krach ghabt hott. Was hott mer de Elfriede gsaat – die solle sogar prozzessiert hawwe. Do werre se all im ganze Haus froh gewest sei, wie die Krawallschachtel ausgezooche is.

„Da haben Sie sich aber wirklich verbessert. Ich habe immer an Sie gedacht und Sie haben mir direkt leid getan, wenn ich in der Ludwigstraße war. Von dem Straßenlärm kann man ja krank werden."

„Unsere Kinder haben jetzt jedes ein großes Zimmer und unsere Marina, stellen Sie sich vor, hat ihren ersten Freund."

Dass ich net lach, wu doch die Lehmännin mir ve'zählt hott, mit wie viel Kerl die schun ab is. Wann ich mich recht bsinne duu, war domools was mit em

29

Verheierte. Un wie die schun rumlaaft – so vergammelt. Wann ich Kinner het, derfte die mer net so rumlaafe.

„Wirklich, eure Marina ist so ein schönes Mädchen und so anständig. Es würde mich freuen, wenn sie einen gurten Mann finden würde. Den hätte sie wirklich verdient."

„Und unser Fritzel macht sich auch gut, der ist der Beste in der Schule."

Des kannsch ve'zähle, wemde willsch. De Hubern ehrn Sohn is in de selwe Klass – un vun deere weeß ich doch, was des fer en Freggling is. Sein Vadder hott doch schun so oft ind Schul gemisst, sunscht hette se den Bankert nausgschmisse. Aus dem wird im ganze Lääwe nix.

„Ach ja, Frau Müller, um Ihrn Fritzel war es mir noch nie bange. Auf den können Sie wirklich stolz sein! Und sonst?"

„Ich bin sehr zufrieden, Frau Meier, auch mein Mann ist sehr lieb zu mir und liest mir jeden Wunsch von den Augen ab. Wir planen jetzt schon den nächsten Urlaub."

Müllern, entwedder du hoschse net all, odder dich lossense dumm schderwe. Ich weeß doch vun de Schulzen, was dein Alde feren Schereschleifer is. Un die Schmitten hott mer veroode, bei Wellere der als hoggt. Vun weeche Urlaub plaane – mit denne ehre Schulde is netmool draa zu denke.

30

„Ich muss jetzt aber gehen, mein Freund kommt. Äääääh – was ich Ihnen noch sagen wollte, Frau Müller, bevor Sie es von anderen erfahren – weil doch immer viel geredet wird und ich die Quatscherei von den Anderen überhaupt nicht mag … Deshalb, äääh, sag ich es Ihnen persönlich: Ich lasse mich scheiden.“

Wuhie in de Urlaub?

„Karl, hosch schun an de Urlaub gedenkt?"
„Warum?"
„A wollmer des Johr net fort? Negschd Johr kummts Fritzel in d'Schul un do missmer uns nooch demm richde."
„Des is fer mich nix Neies! Holsch haldemool Reiseunnerlaache vun Schbanie, Idalie un Griescheland."
„Willsch du vielleicht e Rundrees mache?"
„Babbeln et – mer wolle s'Beschde raussuche."
„Awwer Karl, wann mer uns so viel Broschbegde aagugge, dann du mer uns bloos verzoddle. Loss doch s'Reisebirro uns beroode."
„Her mer uff mit denn, die henge der s'Dreifache uff un hawwe kee Aahnung. Frogsch halt no denne Länner, wu in de negschde Woche de Sunn scheint."
„Du bisch der doch en Hoidoi. In deere Zeit isses doch iwwerall schee."
„Eewe. Awwer horch Mamme, dass der Klee nix mitgriet, sunschd hawwemer jo kee ruischi Minnud meh bismer fortfahre."

Wie dann die Reiseunnerlaache dehääm ware, hammer uns zsammeghoggt un nooch Länner, Sunneschdunne un weeß de Deifel was, versucht zu sordiere. Do hotts schun de erschde Dischbutt gewwe.

32

„Ich hab der's glei g'saat: Des gibt en Kuddelmuddel. Awwer du weesch jo immer alles besser."

Ich kann um's Verregge het hawwe, wann Fraue wisse, dass se Recht hen. Un dann no druff beschdehe misse. Mit mer net – jezzat erscht recht! Awwer wann schun de Gscheiderre sei willsch, musch jo noochgewe. Ledschd is Schbanie fer uns iwwerich gebliwwe. Mei Fraa hott die Hodells im Aach ghat un ich die Preise.

„Karl, gugg der mool die Aalaach aa, denne ehrn Puuhl is so groß wie de Willersinn!"

„Des sin doch Drigguffnahme – wann dort bisch, musch froh sei, wannen Schdehblazz im Wasser griech."

Un schun hemmer widder s'Dischbediere aagfange, aach weil ich in kem Kaddalooch e siwweschderne Hodell gfunne hab, was net viel koscht.

„Karl, her doch uff, des sin Heiser fer Leit mit Geld un net fer so en Zehnachel, wie du eener bisch."

„Horsch, mer wolle uns erholle un net ärchre iwwer e Tass Kaffee fer finf Maak. Newebei, die Umzihcherei schdingt mer un dann die Ferz vun denne Ober, die um dich rumschawenzle – die wolle der doch bloos an dein Geldbeidel."

„Ooooh, Karl, nemm doch grad die ganz Kicheeirichdung mit, do wird's am Billigschde uns Dringgeld schbaarch aa."

„Du bisch die reinschd Nervesääch, mit der kann man sich eefach net verninfdich unnerhalle."

33

„Neeee – du bisch's, wu em die Freed nimmt. Wann so weidermachsch, dann fahr doch grad allee – mein Seeche hosch."

Bei uns isses zugange, wie bei's Dotterles. Mei Fraa wollt do hie un ich wu annerscht. Un wann ich g'meent hab, des isses Beschde, hottse mer e Brutsch gezooche. Eenich war mer uns bloos in eem: Mer wollte fort!

Zores hotts jeden Oowend gewwe. Ich hab als uff de Disch ghaare, die Ald hott e Schlerr gezooche un Deere hawwe gebatscht, dass mer's im ganz Haus gheert hott.
Unser Nochbersleit hawwe gemeent, meer deete jeden Oowend Krimmi gugge – dodebei war de Krach live vun uns.

Awwer mit „Keener vun uns red mit em Fritzel iwwer de Urlaub" do hemmer uns g'schnerrt. Der hot ball schbizz griecht, dass do ebbes laaft. Wie der vun de Gass kumme is, hotter uhne viel Mengenges uns a'getermt: „Wann mer fortfahre – will ich uffen Baurehof!!!"
Un des wars dann aach.

De Kämber

Der Wald werd braun – der Mensch wählt grie,
drum losst uns in die Ferne zieh'.
Awwer net mit Neckermann un net als Trämber,
machts wie mer – mer fahre als Kämber.

En Wohnwache – sooo groß un nomeh bequem,
un en Trieb fer fort un net bloß dehääm.
Die Mamme blant fer zwee Woche oder drei –
mich, mich froogt se net, mich blant se mit ei.
Bloos unser Fritzel kann scho mitbeschdimme
un die Oma, die derf sich no besinne.
Jeder hott sei echne Winsch, sei echnes Ziel
un mit eem Wohnwache is des eefach zuviel.
Endlich sin die sich eenich: Dohie, wu mer 20mool
ware
ich griech's bloos g'saat – denn ich muss jo fahre.
Jetzt bin ich draa, ich darf lenke –
sunscht brauchsch als Kämber iwwerhaubt nix zu
denke.

Eigepaggt wird sex Woche vor de Zeit –
alles, was net im Haus drin bleibt.
Kenner was er breicht – jeder was er will –
fer mich e Badhos un e Sunnebrill.
Die annere hen Kleeder fer alle Johreszeite –
ganz wichdich, die Aboteek, denn die Oma muss
uns erhalde bleiwe.

Denn nur mit ehrer Rende kenne mer uns des leischde
awwer s'muss keener wisse, un mer duuns a net beidchde.

De Klee will sei Eisebähn'l, sein Kompjuder
un fer de Hund brauche mer 30 Dose Fudder.
Fer uns viel meh – fer jeden, was er liebt.
Wees mer's - obs dort en ALDI gibt?
Bloos de bugglisch Verwandschaft, die losse mehr zurigg,
un des, des ischem Kämber sei Erholung – sei Gligg.

Nachts um finfe geht's endlich fort
un die Oma is de Beifahrer an Bord.
Die Oma??? – saach bloos net die Alde,
denn uhne Bischdehalter hott die im G'sicht ke Falde.
Die wacht iwwer alles – wie en Goggel iwwer sei Hinkle –
kennt jedi Schdroß und jeden Blatz zum pinkle.
Hinne sitzt die Mamme, mied, secht nix, die Aache zu –
mei schenschdi Schdunn – ich het mei Ruh!
Wanns Fritzel net froche det, in eem fort:
„Babbe kannsch schneller – Babbe simmer bal dort?"
Kämber bleib ruhich, mach jo ken Krach –
am beschte hosch die Nerve im Handschuhfach.

36

Is de Kämbingblazz erreicht –
endlich Urlaub, awwer nur vielleicht.
War de Fahrt scho schlimm, jetzt werds no
schlimmer –
ehr Kinner – was Kinner!
Was e Gekrisch, verstehsch ke eeche Wort –
Jezzt fangts aa – mei Ruh is fort.
Net bloos de Junge, aach die Alde,
kenne Daach un Nacht, die Gosch net halde.
Do kannsch emool de Mensche schdudiere,
wie'ses Zammelääwe widder probiere.
Viel Gliehwirmscher-Ehe, uhne Inhalt, uhne Sinn –
de Glut is haus, de Worm is drin.
Bis bei denne de Seeche widder senkrecht hengt,
hosch de ganz Nacht an de Schloof bloos gedenkt.
Sinds die net, sinds de Schnoogeschdich –
kee Wunner, wann als Kämber Heemweh griech.

Zeit hosch jo – wie'n Beamte beim Schaffe –
kannsch dich bamble losse, in de Gechend gaffe.
Is ders zu warm un willschs mool kalt,
gehsch in die Berche, wenns keeni hott, in de Wald.
Wann ganix laaft, hemmer en gemeinsamme Wille
s'wird eugekaaft – mer duun grille.
Un werre de Schdeeg so schwarz wie die Raawe,
nix bessres, ehr kennt mers all glaawe.
Bloos fer die Oma wird was anneres bereit,
sunscht gibt's Ärcher – weil ehr Gebiss do schreikt.
Eemool ware mer fort, ganz groß simmer aus,
„Poulet a la Ferrarie" nach Art vum Haus.
Mer hawwe gemeent, e Esse fer ganz feine Pinkel,

37

dodebei wars nix ann'res, als dootgfahrnes Hinkel.
Do hott sich widdermool de Schbruch bewehrt:
„Kämber – bleib an deim Herd!"

Da jeder Mensch sich bilde muss,
war e Ausschdellung fer uns en Kunschtgenuss.
Lauder Naggische – fer die Oma alles Posse –
ke Hemm uff'm Arsch un sich vum Rubens moole
losse!
S'Fritzsche wird rot, seu Aache schdanne verkehrt,
do hab ich mer gedenkt: Der g'hert uffgeklärt.
Denn uhne Fernseh siehsch erscht, wie der Kerl
gewachse
un do hab ich aagfange, vun Biene un Blumme zu
gaggse.
„Awwer Babbe, was mach dann de Biene all
zusamme,
wann de Blumme kee Luscht hen – genau wie die
Mamme?"
Hosch dich aagschdrengt, warscht offe, uhne Zier,
secht no de Klee: „Babbe, du bisch halt vun friehr!"
Als Kämber, do gehen der de Aache uff –
segscht was, kriehscht glei eeni druff!

Is de ledschde Film verknibst, die Absäzz schief
geloffe,
bisch braun am Ranze, hoschs Geld versoffe,
hosch dich so richdisch eigelääbt –
kummt de Daach – wu's häämwerts geht.
Kaum war mer uff de Autobahn – un des isch net
gelooche –

38

ging de Ärcher loos, die Erhoolung war ball
fortgeflooche.
Polizeistreef – vielleich iwwerlaade –
„De Fihrerschoi", secht der schtramm,
„Was? – des is jo zum Lache,
der wiecht jo bloos zeh' Gramm!"
Do simmer mim schwerschde Koffer zum Boohof
gewezzt
un hawwe die Oma in de Zuch neigesezzt.

Endlich dehääm! Zum Empfang gab's Bowle –
ehr Leit – als Kämber duusch dich am beschde
dehääm erhoole.

39

Tourischdegebääd

Liewer Godd – war'n mehr friher guude Krischde –
so simmer heit no bess're Tourischde.
Weil mer nimmi so oft zu DER kumme,
hotten annere Glaabe mordsmääsisch zugenumme.
Ans Audo, Urlaub, Geld – fer uns meh wichdisch –
mergsch was? – mer tigge nimmi richdisch.

Grad um des Alles zu krieje, zu beschdreide,
brauch mer jo DICH vun alle Seide.
Mer erwaade vun DER, dass DU uns begleidsch'
un uns all DEINE Wunner zeigsch'.

Wichdich – wird Schuzzengel uff de Reise,
dass nix bassiert un mer aan et entgleise.

Du uns net mit schleschdem Wedder schroofe,
zeich uns de billigschde Hodells zum Schloofe,
wu vum Frihschdigg soviel iwwerich bleibt,
dass am Daach kenner vun uns Hunger leid.
Owends die greeschde Rumschdeeg vom Roschd,
dodezu Drinkes, was nix koschd.

Du uns in alle Dinge guud beroode
un zeich unsre Frau jo kee Sonderaageboode –
un losse aach ken Zores mache,
wammer mool mit annere lache.

Loss uns net an Verwande denke,
do miss'mer a kee Mitbringsel ve'schenke.
E Poschtkaad langd fer die zum Drooschd –
hemmer eener vergesse, dann war's die Poschd.

Zeich uns alle Kärche, Burge, Tembl
un Musseen, gefilld mit aldem Krembl.
Loss uns braun werre bis nuff ans Herrn,
domit die Nochbersleit rechd neidisch werrn.

Liewer GODD, verloss uns net – du fescht bei uns bleiwe,
sunscht kemmer alles in de Schornschde schreiwe.

Moi erschdi Kur

Im Boohof hott die Mamme mich gfroocht: „Karl, bisch mer a trei in de Kur?"

„Ja!" – a was het ich dann saache solle, ich war jo neddemool fort. Dort aakumme hott mer de Dogder erschdemool mein Bluddrugg gemesse.

„Rauchen Sie?"

„Nee!"

„Trinken Sie?"

„Nee!"

Ich hab mer gedenkt, armer Dogder, was machschen jezzert, wammer nix verbiede kannscht?

Awwer do hab ich mich g'schnerrt, der hott mer gewwe: Blizzgiss, Gimmnaschdig im Wasser un uffem Druggene, Massaasch, Bääder un, u nun …

Ich hab geglaabt, der will mich fers negschde Schbortfescht drimme.

Wann ich nadierlich gewisst het, dass de Dogder vun Lautre ist, wär ich mit de Wohret beschdimmt besser devu kumme odder ich het devor mein Zimmerkumbel frooche solle. Finfmool in Kur un dorch wie e Bloosrohr.

„Heit Middaach geh mer erschdemool Frischfleesch aagugge!"

Des ware die Fraue, die am selwe Daach aakumme sin.

42

„Bisch ve'riggd, net glei a'bännle, die hawwe all no Drääne in de Aache vor lauder Häämweh nooch de Kinner unnem Hund. Du musch dich verhalle wie e Schbinn – erschdemool Fääde zieche!"
Aaschdännich wie ich no war, wollt ich moi Fraa arufe.
„Verwehn se net – du musch dich vunnere erhoole. Saachere, des Delefonheisel wer zwee Killemeder wech odder do schdehe Daach un Nacht 30 Leit devor. Du kannschere a saache, vun deine Aawendunge wersch oowends hie!"
„Ich hab jo no keeni g'habt!"
„Is doch egal – Haubtsach, sie glaabt der ebbes!"
Zum Koffer auspacke bin ich aan et kumme.
„Du wersch doch net de erschde Oowend ve'bamble. Mer gehe danze. Un mach ner net den Fehler, dass bloos mit Eenerre danzsch, do ve'derbsch der glei am Aafang die Kaade. Drimb werre erschd gschbielt, wannd weesch, du machsch en Schdich!"
Unerfahre bin ich doghoggt un hab gelidde unner dere Frooch vun meinere Fraa: „Bisch mer aa trei in de Kur?"
Awwer ich hab ball mitgrieht, dass die Frooche hier annerscht sin: „Soll ich? Derf ich? Un ledschd soll ich no frooche, wann ich schun derf!"

Bei de Wassergimmnaschdig hawwe die Mannsleit sich arch schwer geduu. Schdeif wien Bogg hott jo kenner des bringe kenne, was die Määdscher

43

vorgemacht hen. Die Weibsleit ware do gelenksicher.

Awwer was mer dann bassiert is, war eemalisch, sogar mein Kumbel hott die Gosch nimmi zugrieht. Die Handdiecher, meischdens weeß, ware all uff eenere Ablaach geleche. Vun denne hab ich mer eens gschnabbt un bin unner die Dusch. Naggisch widder raus – des Handduch uffgewiggelt un do issen Schlibbfer un en Bischdehalder rausgfalle! Alles hott gelacht.

Awwer der Dorchenanner war ball uffgeklärt un die Fraa hott sich mit meiner Entschludichung vun mer eilaade losse. Doch dann wars widder Zeit zum Kofferpacke un uns is widder eigfalle, wu mer hieghere. Häämzus is mers ganz dormlich worre. Wie werd die Mamme mich emfange? Was soll ich dere saache? Werd's glei e Ugligg gewwe?

Uffem Booschdeich hott se uff mich gewaad. „Karl, bisch widder doo?!"
Iwwergligglich hab ich grad no „Ja!" rausgebrocht.
A, was het ich dann saache solle, zu meim allerbeschde Schdigg?

De Unnerschied zwische Urlaub un Kur?
In de Kur scheint immer die Sunn – do griech' de
Schadde nimmi loos!

44

De Schloofkobb

Vom Guude is dochs Allerbeschd
fer mich, mei kuschlichs weeches Nescht.
Denn wer schlooft, der sindicht net
un deshalb lei ich gern im Bett.
Brauch nix zu mache, wie mei Aache zu,
de Daach is geloffe, ich hab mei Ruh.
Brauch nix denke, kee Händ beweche –
ää Wohltat, de reinschte Seeche.
Zum Nachtesse e guudes Fläschel Woi,
dann schlof ich leichder un aa besser ei.
Ich geh pinkle, buzz mei Zäh,
sunschd werds uuruhich un duud weh.

Wann ich alles hab bedacht,
dann guud Nacht!

Meensch? – Die Mamme hott no was zu schelde,
un dodebei hab ich nix meh zu melde.
Sin widder mool de Kinner – un alles so deier –
was mach mer an de negscht Familiefeier?
Du – du duusch mer de ganz Graam uffhenge
machsch nix – duusch iwwerhaupt nix denke.
Wann ich so drinhenk, frooch ich als mich,
fer was hämmer eichendlich no dich?

Liewer Godd, halt derre doch die Gosche zu –
losse schloofe un geb mer aach mei Ruh.

45

Dann schnargse – mei liewi Bobb –
un ehr Sorje geh mer dorch de Kobb.
Ich versuuch ehr Probleme jezzat zu leese,
schloof net ei, du bloos deese.
Het ich was gsaat, dann wär de Grach –
die Nacht wird lang un ich bleib wach.
Ich heer vun de Kärch die Glogge –
soll ich mich in die Kich naus hogge?
Tringsch e Bier, duusch no was esse,
werscht mied – duusch de Graam vergesse?
S'finfte Bier loss ich im Kihlschrank drin –
s'hilft jo nix, mein Schloof is hin.

De Wegger zeicht schun halwer viere
soll ichs middem alde Drigg prowiere?
Denn, mit de Schoof, den kennt mer wääle
hoffentlich du ich mich net verzääle.

Uff emool klingt's wie Hufgedrabbel.
Was issen des? De wegger rabbelt.
Kobbweh, Drugg im Maache,
mied, kabutt, wie erschlaache,
ken Dorscht, kann nix esse –
fer was? – Ich hab's vergesse!

Millennium

Zweedausend Johr – was e Wunner
un die Welt – se geht net unner.
Des will ke Fraa un aach ken Mann,
weils mers hinnerher jo kem verzähle kann.

Wer nix schafft un bloos deest,
der hofft, er wird endlich erleest.
Der mecht vum Boddem gern abheewe
un in de Wolke weiterlääwe.

Die Aaschdännische, immer die Dumme,
werre niemools in de Himmel kumme.
Wie werds werre? Des wolle die wisse –
Eens ist gwiss – es bleibt be.......
wie's is.

Freehliche Oschdere

„Horch, Karl, solle mer net an Oschdere e par Leit eilaade?"

„Glei e paar – an wen hosch dann gedenkt?"

„Vielleicht s'Lehmanns?"

„Bisch v'riggt? De Max un sei Fraa – die hämmer grad no gfehlt an denne Daach. Do deescht nix anneres heere vum Max wie vun seim Prozess geche de Maier."

„Was forn Prozess?"

„A wääscht dann du des net – dem sein Kerschebaam hott doch uff de Grenz vun denne ehrm Gaade gschdanne und do hott de Meier uff seinre Seit immer de Kersche runnergmacht. Un wie de Max im ledschde Frihjohr – s'war an de Oschdere – gsehne hott, dass driwwe meh Bliehde ware, hott er vor Zorn de Baam umghaache."

„Weje denne paar Kersche due die e ganz Johr prozessiere?"

„Nee – wechem Meier seim Gaadeheisel, do is de Baam druffgfalle un hotts zammegedriggt. Un loss mer jo die Irene fort mit ehre Krankegschichte. Die kannsch jo nimmi frooche, was hoschen – die musch frooche, was hoschen net?! Wääscht no, ledschd Johr hott doch die kee Oschdereier esse kenne weje ehrm Kolleschderin. Awwer wie se des verzählt hott, hott se dodebei e hallwi Flasch Eierlikeer gsoffe. Wääsch's noch? Un was mer heit no schdingt, wenn ich draadenk, des isses Fritzel –

48

denne ehrn Enkel. Der Bankert hott mer doch ledschd Johr beim Oschdereiersuuche de ganze Gaade zerdrambeld, wu ich schun eigsäät ghat hab. Un hinnerher hott de Irene selbschd nimme gwisst, wu se de Eier verschdeggelt hott. Erscht ledschd im Herbschd hab ich no paa Oschdersache rumgschoord."

„Also, Karl, du määnscht, mer soles losse. Bloos domit du die ganze Feierdääg widder vor de Glozze hänge kannscht?"
„Babbeln et."

Oschdersunndaach schellts.

„Nee, was e Freed – s'Lehmanns! Die Oschderiwwerraschung ei die is awwer gelunge – werglich. Des is lieb vun eich, uns widdermool zu bsuche. Un's Fritzeli s aach debei – mei, was is de Buu gewachse…"
„Haja, der wollt u'bdingt mit. Der will doch widder Oschdereier suuche in eierm Gaade…"

„A jezzert kummt schun rei un erschdemool – Freehliche Oschdere!"

„Die, wu mer net eilaade duud,
bleiwe äm lang net vum Hals!"

49

Wonnemonat

Wann nachts die Hexe dreggisch lache
un dich die Geischder färchde mache,
wann braune Käwwer aussem Boddem kumme
un die Kleene losse se im Kaschde brumme,
wann die Greesere s'erschdemool prowiere
un beim Danz ehr Herz verliere,
wann die, die nimmi kenne, derfe, welle
im Ort de Baam uffschdelle,
wann de Kranz dann hengt un schwankt,
wird mit Boggbier uffgetankt,
wann die Mamme griet in de Frih e Schdreissel
Blumme –
wääse – eewe is de Mai mit meim Alde kumme!

Summer

In Liedern sin die Wolge weeß
bei uns sin se ve'dreggt.
Wu annerscht scheint die Sunn so hääs
mit uns schbielt se Ve'schdegg.

Badewärdder hawwe Langeweile
bind nor Scherme, un die in Eile.
Helle Blizze, arscher Dunner –
„Proscht", mit Huschdesaft, uff unsern Summer!

Die Herbscht-Beischde

En kleener Kerl, des war de Schorsch
uns greeschde annem, des war sein Dorschd.
Iwwerall wu gebloose, geberschd, gesoffe,
hosch de Schorsch a aagetroffe.
In seim Hormel hotter manches gedriwwe
un de Deifel hott sich schun de Händ geriwwe.

Doch, domit DER ihn net duud fange,
is de Schorsch zur Beischde gange.
„Mein Sohn, mit zweimal einer Litanei,
bist du von deinen Sünden frei!"

Als de Parrer schbääder uffem Wech nach Haus,
dorchelt de Schorsch aus de Wertschaft naus.
De Parrer geht wiedisch uffen loos
un hottem aaschdännisch de Marsch gebloos.
„A Herr Parrer, was soll de Zoores, de Grach,
zwää Lidder Neie – des war doch abgemacht!"

52

Der Brezzlmann

Ich kenn eich all – mit de Hälft per Du
denn ich bin en echte pälzer Buu.
Stamm diregt vun Ludwigshaafe
un midde drin duu ich Brezzle verkaafe.
Net eefach, monchmool wennich, aach mol hunnert
bei Sunneschei un a wanns dunnert.
Musch immer fit sei un flink in de Händ
un aach owwe, weil net jeder e Brezzl kennt.
Eich Pälzer brauch ich jo nix zu saache –
awwer Auslänner – die stell'n der Frooche:
„Was is Brezzl, wie duun schmegge?"
Denne muschs ve'kliggere, derfsch nix verdegge.
„Wie Paela, wie Pizza, nur anneres Formato –
owwe druff Salz, nix Käs, Salami un kää Tomato!"

Mei Brezzl sin vun em besunnere Bägger
un was drin is, des is fer alle Gschmägger.
Aach fer de Gsundheit un de Seel
des machts Salz, die Lauge un's Mehl.
Selbscht die Glieder werre gschdärgt, die daabe
musch norre langsam esse und fest draa glaabe.
Drum ehr Leit – nemmt se net grad in'd Hand
esst se mit Schmagges un Verschdand.
Ich weess des vun mer un ältre Knaabe
denne mei Brezzl schun gholfe hawwe.
Ob's allen hilft – misst der selwer brobiere
denn fer e Maak kann ich net no garandiere.
De ee wird munner, de anner wird matt,

53

sellem hilfts und seller isst mei Brezzl anschdatt.
Arweider esse Brezzl weeche de Muschgle,
Beamte, die brauche jo kee Kraft,
die esse halt, damit wenigschdens de Maache
schafft.
Doch alle wolle se bloos frische Brezzle,
frisch gewergelt un frisch gebagge,
unn wann se neibeiße muss es knagge.
Awwer wie grie' ich do die Frische nin,
wannse schun vorf acht Daach gebagge sin?
Do wird mit alle Finesse des Doddliche gestobbt,
bei de Sportler nennt mer des gedobbt.
Awwer ve'rood nix – denn sunscht, oh weh,
däät mers arsch verbrezzelt geh.

Beim verkaafe musch immer wach sei
derfsch beim Geldzääle aach net penne
un musch die Veggel an de Federre kenne.
Gibt en Finanzbeamte Drinkgeld her,
dann is des kee Gschenk – des is e Malleer,
denn dodemit beruicht der sei Gewisse,
weil er mich hott um mei Schdeier beschisse.
Oder wann Sie e Brezzl griet un derf se esse,
dann isses sei Fraa un net sei Mätresse.
De Unnerschied zwische de Ald unnem Schäzzl?
Die ee kriets Menue un die anner de Brezzl.

Ledschdhie überfallt mich so en Schdrosseheld,
en Revolver in de Hand – awwer kee Geld.
Der kreischt: „E Brezzl her – odder schderb!"
Ehr Leit – do war mers ganz schee brezzlmerb.

54

Aach de Wohlschdand duud mer Sorje bereide
unner denne Aaschbrich – do hab ich zu leide.
Do gibt's Leit – des sin fer mich Depp,
die wolle kee Brezzl wannse krumm is oder schebb.
Bei denne heersch vun mer dann en Schrei:
„A heer – ich hab doch kee Wergzeich debei!"
Do gibt's no annere – un des is net zu fasse,
do muss de Brezzl zum Barteibuch basse.
Hellgeele wolle die vun de FDP
reetlich muss se sei fer de Wäler vun de SPD.
Am Schlimmschte sin die vun de CDU,
die koschte mei Nerve un aach mei Ruh.
Was ich eich saach is kee Legende,
die esse nix anneres wie schwarzverbrennte.

Zum Palzwoi schmegge mei Brezzl doll
nach siwwe Vertel bisch net so voll.
Un aach zu annere Getränke
kann ich mer nix bessres denke.
Ledschdhie war en Opa mit seim Enkel allee.
„E Brezzl ferd Oma – die is dehääm."
Dann muss de Klee mool pinkle geh
un lässt de Opa bei mer schdeh.
Des Gebägg hotter drugge in de Hand
kummt zurigg isses nass – was e Schand.
Er greint – ich willem e Brezzl schenke
awwer do beruicht de Opa schunn de Enkel:
„Des macht nix – do fallt de Oma nix ei,
die dunkt de Brezzl jo eh in de Kaffee nei."

55

Des war mei Freed un aach mei Sorje
vun geschdern, heit und iwwermorje –
mei Mieh dehinner un mei Plooch devor –
fer eich ehr Leit des ganze Johr
bin ich do – un wollt ehr mer helfe,
dann kaaft Brezzle net unner zwelfe.

Brezzle sin gsund un mache net krank,
kannsch no so viel esse, bleibsch trotzdem schlank.
Mei Brezzle sin e Stroßemenue
die stärke des Herrn un aach die Knie.
Drin kannsch kee Öschdrogeen verschdegge
un zum Esse brauchsch ken Disch zu degge.

Denk draa – wammer uns treffe an meim Plätzel:
ICH BRAUCH EIER GELD – UN EHR MEI
BREZZL!

De Schdadtbummel

„Karl – gehsch mit mer in die Schdadt?"
„Warum – fer was – is ebbes – brauche mer was?"
„Frooch net so dabbisch – grad e bissel bummle!"
„Heer mer uff mit deim Bissel – des hot schun immer meh Geld gekoscht!"
„Saach emol Karl – solle unser Kinner s'Geld ausgewwe – odder derfe mer uns aach noch was leischde?"
„Babbel net!"

Vorm erschde Klamoddelaade sin mer schun henge gebliwwe.
„Karl, gugge mool, was fer scheene Sache die hawwe – wolle mer net emol nei geh un uns umgugge?"
Wann ich schun gugge heer – dann geht mei Hand audomatisch an de Geldbeidel. Uhne en Ton bin ich meiner Fraa hinnenoochgedroddelt.
„Karl, meensch net so e gschdreifdi Bluus deed mer guud schdehe?"
Uff so e Frooch geb ich kee Antwort meh – weil ich wees, mei Fraa hott se in Gedanke schun aa. Glei war aach schun die Verkeiferin do.
„Des wär genau des richdische fer ehr Fraa – die Schdreife mache so greeßer un schlanker – mei Kolleechin träächt sowas aa!"
„Wu issen ehr Kollechin?"

„Do hinne, die klee Digg – un vor allem die Farb Grie schdeht ehrer Fraa guud – Grie … des hebt, mein Herr!"
Ich hab mer gedenkt: Do hott die Farb bei meiner Fraa awwer ganz schee was zu heewe.

Dann sinmer in en Schuhlaade, denn zu dere neie Blus hott mei Fraa jo kee bassende Schuh ghatt. Ich war schun gewarnt worre vun meine Schdammdischbrieder – geh do net middere – geb ehres Geld un geh in die negscht Wertschaft – bis die Fraa widderkummt hoschen Balle wie en Russ.

Mer hotts awwer trozzdem in dem Laade guud gfalle. Die Verkeiferin hott mit ehrm korze Reggel uff e Leeder schdeiche misse um die Kardons runnerzuhoole. Un do hab ich ... bis mei Fraa gsaat hott: „Karl, denk an dein Blutdrugg!"
„Na kee Angscht, Mamme, ich hab jo meu Drobbe debei!"
Dennoch hott se a ball e Paar bassende Schuh gfunne. Obbere die gfalle hen, wees ich net un ich weess aa net, wollt'se mich schoone odder hott se mer die Freed net gegunnt?!

Nooch meim Dorscht wars beschdimmt schun sexe vorbei. Un do simmer in e Wertschaft. Der Ober war so en rischdicher Gribbelbisser, kee bissel freundlich. Mei Fraa hott sich vielleicht uffgereecht awwer se hott sem a g'saat, wie er's Esse gebrocht hott: „Heere se mol – kenne se net e bissel

58

freindlicher sei un e mool e nettes Wort saache?"
Do hot der Ober sich nunnergebiggt un ehr ins Ohr
gebischbert: „Gnädiche Fraa – den Haggbroode
deet ich net esse!" Des war aach sei Drinkgeld wert.

Wie mer hääm kumme sin – hott mei Fraa mich
geloobt: „Karl, s'war doch schee, dass mitgange
bisch. Hosch halt en guude Gschmagg!"

De Unnerschied zwische Mann und Fraa?
ER is zufriede mit nix!
SIE is mit nix zufriede!

Die Bolitesse

Finf mool verheiet un vier mool gschiede
verlore hab ich mein Seelefriede.
Wie mei Uuschuld is der fortgeflooche
was hab ich geliebt – s'war alles gelooche.
Die Händkiss un des Bettgeflischder,
die Zeit vum Schdandesamt zum
Scheidungsrichder.
War's Nescht gemacht, un die Eier befrucht,
dann ging de Vadder uff die Flucht.
Zähn Kinner sinn do – was en Theader
meu Schorchel dehääm – der schbielt heit de
Vadder.
Der wäscht – kaaft ei – der kocht un schafft
der kann nimmi flichde – den hab ich in Haft.
Wie's Gänselissel erfillt der sei Soll
vor lauder Ängschd vorm Broddogoll.
Wann der bei mir net barriert,
dann bin ich do, dann wird kassiert un quidiert!

So wie mich frieher die Mannsleit dressiert,
so werre die heit vun mer abkassiert.
Als Bolitess bin ich jezzert druff kumme –
der Verkehr is annerscht un nimmi fer umme.
Heid wird bezahlt – die Kass, die muss klinge –
feehlts em Schdaat am Zaschder, dann muss ich's
bringe.
Ich muss aach sammle fers Presidentegehalt
sunscht kann der geh – den schdellnse kalt.

60

So bin ich im Broddegollschreiwe ä As –
ich schreib Bicher voll wie Günter Grass.
Ich schreib im Laafe, im Schdeh un im Lieche
fer mich is schreiwe ä Sucht am Vergnieche.
Ich kenn kee Pardon, kee groß dischbediere,
die Mannsleit bezahle un ich du quidiere!

Bei Daach un bei Nacht geh ich uff Schdreife
un hott eener ke Profil uff de Reife,
die Scheib is verschmeert, die Brill net gebuzzt,
de Gurt hengt runner un werd net benuzzt,
de Karre verbeilt, die Modorhaub offe,
keen Schbrit im Tank, awwer selwer besoffe,
ä roti Ambel, die hält den net aa,
sein Fihrerschoi vum Neckermaa',
kee Licht in de Lamb bei Newwel un Nacht,
die Vorfahrt hatt der eewich gepacht,
kee Ricksicht uff annere, sich niemools scheniert,
dann bin ich do – dann wird kassiert un quidiert!

Ins Prässidium muss ich als wejem Rabbort –
do geh ich hie – doch liewer widder fort.
Des is ä Haus – no doller wie doll –
do macht jeder was er will – keener was er soll.
Do kennsch veriggt werre – die losse sich Zeit
die sin zu nix zu gebrauche, awwer zu allem bereit.
Die sin so arm, do machsch nix degesche,
denne ehrn Verschdand is ehr ganzes Ve'meeche.
Dogeche ich – hochgeischdich un uhne Schrulle
mer wird als Angscht unner denne Bulle.

61

Die määne, ich wär aussem Playboy ä Bobb
unn schun laaft bei denne de Sexfilm im Kobb.
Do mecht ich als wisse, was die fantassiere
des wär e Fresse, do kennt ich kassiere!

Wann jeder richtich hält un fährt,
wann kenner mool verkehrt verkehrt,
schdeesch rum mit deiner Rechelkunscht –
die ganz Ausbildung war dann ummesuscht.
Doch net bei mer – do wird getrixt,
do werd jedi Zeit im Dienschd genizzt.
Do nemm ich die Lola mit uff die Schdreife
im Minirogg, dass alle Mannsleit pfeife.
Guggt eener hie, un denkt an de verkehrte Verkehr,
basst net uff, dann hott ers Malleer,
sei Audo verbeilt, die Schdosschdang lediert,
dann bin ich do – dann wird kassiert un quidiert!

Un wann die Lola net kann odder will,
dann hilft mer de Heiner ganz in Zivil.
Des is en Trigg, einmalich in de Welt
do geht's em Fußvolk an soi Geld.
Denn wie Sie alle wisse,
muss jeder Mensch mool misse
un effentlich dud ers geziert,
der Heiner macht des uuscheniert.
Schdeht hinner ä Hegg odder am Baam vornedraa
un wer des sieht, der meent, er muss aa.
Kaum hot der de Schlizz uff, schun isses bassiert
dann bin ich do – dann wird kassiert un quidiert!

62

Des is mei Pflicht, mei Erwet, mei Muss
un des mach ich alles ganz uhne Verdruss.
Als Freind un Helfer zu jeder Zeit
rund um die Uhr un zu allem bereit.
Helfer am Daach, ob's schneit odder blieht,
de Freind bei de Nacht, wann's niemand sieht.
Drum ihr Leit, nemmts net so schwer,
basst uff eich uff bei jedem Verkehr.
Verschbrecht, dass erh net besoffe schoffiert
sunscht bin ich do – dann wird kassiert un quidiert!

Was misse mer wem schenke?

Schunn manscher hott sich's Herrn verrenkt
bei: Wer grieht was, un was wird gschenkt?!
Wann do aafangsch griecht de Dalles
denn de Leit hawwe jo schun alles.
Newebei is driwwer noochzudenke:
„Werre mer de Annere aa was schenke?"
So aach die Lissel un's Kätsche
zwee aaschdännische, selbschtlose Määdche:

„Fer de Babbe missemer uns kee Gedanke mache,
der grieht jo jeds Johr die selwe Sache.
Mit eem Hemm, e Krawwatt un zwee Sogge,
leide bei ihm schunn de Weihnachtsglogge.
Awwer bei de Mame wird's nix mit denne Bosse,
do missmer uns was Gscheit's eifalle losse."

„Awwer du wääscht doch, ich hab kee Geld
weil ich mer die neischde CD hab beschdellt."
„Dich intressiere aach bloos deu Gschenke
un an Annere duusch arch wennich denke."
„Ich kennt jo s'Gscherr mache, mei Zimmer rääme."
„Geh fort – dodefu duusch du bloos drääme."
„En Gerddel zum neie Kleed fer de Mamme?"
„Eiverschdanne, do lechemer zamme."

„Un de Oma … was gewwe mer der?"
„Geh fort, die braicht doch nix mehr."
„Awwer deu Daschegeld duusch beire eidreiwe."

64

„Dodefor soll se no lang bei uns bleiwe."
„Un de Dande Amalche mit ehrm Fritz?"

„Die griehe vun uns desmool nix.
Wann der Bankert mich widder so fobbt,
dann grieht der vun mer eeni g'schdobbt."
„Uffem Schbeicher hawwemer e paar alde Scherwe,
die duumer am Beschde denne vererwe!"

„Ooh – Erwe – de Unkel Walder griet aa e Hemmd,
denn bei dem schdeh mer jo im Teschdamend."
„E dinnes Buch wer's aach gewese,
denn mit 85 wird der nimmi sooo lang lese.
Nee, der soll no lang, lang rauche
awwer sei Geld, kennt mer heit schun brauche."
„Dass mer jo keener vun uns de Heiner vergisst."
„Was der, wu jeden Daach bei uns sauft un frisst?"
„Der grieht aussem Keller e Fläsch'l Woi
es muss jo net vum Beschde sei."

„Jezzert langt mer's, heer endlich uff,
sunscht geht noch's ganze Gerscht'l druff."
„Des war's dann fer Weihnacht in dem Johr."
„Du, ich kumm mer wie gemolke vor."
„An de Annere du mer garnet denke
un hoffe bloos, dass die uns ebbes Gscheides
schenke!"

65

Uffem Weihnachtsmarkt in Ludwigshafe

„Karl, mach doch endlich de Fernseh aus, du weescht doch, s'Fritzl will uff de Weihnachtsmarkt."
„Hajo, wann der will, hott de Oba zu schbringe."
„Heer doch uff mit deine alde Schbrich, deine dumme, du meggersch doch numme, weil dein Schbort net sehne kannsch. Deeschde dich liewer selbscht meh beweeche un net blooß de Annere zugugge, hetschde aach net so en Ranze. Sei froh, dass mer des Fritzl hawwe, sunscht kämscht du iwwerhaubt net vor die Deer."
„S'is doch alle Johr s'elwe, en Haufe Leit, dass net laafe kannsch un een Fressschdand newerm annere."
„Un was ist mit de Gliehwoischdänd, Karl? Wann ich no an ledschd Johr denk, wo du uubedingt e Weihnachtsganz bei deere Verloosung gwinne wollscht – do hosch weche denne Teilnahmekaade soviel Gliehwoi gsoffe, dass mer vun dem Geld hette drei Gäns kaafe kenne."

Uffem Berliner Platz:
„Fritzl, heerscht die schee Weihnachtsmusik un betrachte mool den große Weihnachtsbaam – gell, den hawwe se wunnerschee gschmiggt?! Karl, gugge mool doniwwer – des is doch die Müllern hinnerm Schdand. Hott dann die des notwennich, wo doch ehrn Mann bei de Schdadt schafft? Hajo,

66

Beziehung misst mer hawwe – als wann mer do net en Erwetsloose hieschdelle kennt?"

„Babbel net – kennsch du vielleicht en Erwetsloose, der wu fer en Gliger un en Knobb vun morjens bis oowends do schdehe det?"

„Karl, nemms Fritzl uff de Buggel – der werd jo dodgetreede un sehne dud der aach nix. Fritzl, vun do owwe kannsch nochem schenschde Schdand suche – vielleicht gwinnsch ebbes."

Des muss de Klää net ve'schdanne hawwe, denn glei hot der aagfange: „Oba, gugge mool do – Oba, siesch des – Oba, kaafsch mer des – Oba, grieh ich des – Oba, derf ich des ..."

„Frooch die Oma."

„Jo, Karl, lossen mool Eisebähnel un Karussell fahre."

„Bass du uffen uff, ich will do driwwe grad en Kumbel begrieße."

„Awwer bleib net so lang."

Noo're Schdunn kummt de Oba widder. „Musch entschulliche, de Heiner hab ich schun finf Johr nimmi gsehne."

„Un do habt der fer jedes Johr eener drinke misse."

„Babbel net. Jezzat geh mer minanner was esse un was drinke."

„Esse du ich was, awwer drinke du ich nix."

„Warum net, Oma?"

„Aa – ich muss no de Oba widder häämbringe. Karl, zeich em Fritzl mool die wunnerscheene Fichure vunn derre Weihnachtskribb."

67

„Mach du des, Mamme, ich will do driwwe ebbes gugge."

„Do wird gebliwwe, Karl. Oooh, ewe singe die Kinner Weihnachtslieder uff de Biehn. Do heere mer zu. Gell, des gfallt der Fitzl, die kenne schee singe. Ah, wu is dann de Oba widder – uff den muss ich jo meh uffbasse wie uff dich. Erscht wollt der net fort un jezzat kummt er nimmi bei."

Uffem Häämweech:

„Oba, geh mer morje widder uff de Weihnachtsmarkt?"

„Frooch die Oma."

„Oba, die Oma weeses non et – sie misst dem Oba erscht dehääm was verzäähle."

En Weihnachtsbrief:
„Liewer, liewer Godd!"

Zu alle Leit, die hier im Wohlschdand deese
kummsch DU eemool im Johr vum Himmel um uns
zu erleese.
Erleesung wär schun bitter vun Neete,
denn die Liewe un die Hoffnung ginge fleete.
Wann DU, liewer GODD, nix ännerscht,
un ich hab do mei Zweifel,
is der Glaabe aach no beim Deifel.
Du warsch immer zu aaschdännisch, zu naiv,
d'rum hengt bei uns de Seeche schief.

An Weihnacht erscheinsch als Kind mit DEINEM
Seeche,
dodemit kansch heit nix meh beweeche.
Kumm als Maa – in DEINER ganzen Schderke,
haach druff, domit mer ebbes merke.

Geld, Audos, Urlaub, sin unser Lääwe heit
un fer was anneres sin mer net bereit.
Aach die Kercheglogge, liewer GODD, bringe uns
nimmi ausem Nescht.
Nix duu – is de Sinn fer all e Fescht.

Friede uff Erde, mer solle uns verdraache,
wersch DICH wunnere, liewer GODD,
bei uns geht jeder jedem an de Kraache.
Aach wird jeder vun jedem betrooche,

un des, was wohr sei soll, is aach gelooche.
Vun dem, was DU fer uns erschaffe hosch, is
nimme viel gebliwwe.
Mer wolldens besser mache – un hawwe
iwwertriwwe.

Mer wisse nimmi, was is falsch odder richdich
un Erleesung vun allem Iwwell wär ganz wichdich.
Awer, was DU machsch, liewer GODD,
des musch DU selbscht endscheide –
bloos denk draa, es geht aach um DICH – um uns
Beide.

DEIN hoffender und mitfiehlender Mensch.

Schier het ich's jo vergesse,
un des is beschdimmt in DEIM Indresse,
ebbes, was DICH, liewer GODD, net reit:
„Kumm nimmi in de Weihachtszeit!"
Kee Gebääd, kee Lied – dusch nix verbasse,
heersch bloos des Klingle vun de Laadekasse.
Mer kaafe – dasses schun kee Freed meh isch,
fer's Fescht – fer's Fescht … „Ja heer? Was feiere
mer dann eichendlich?"

Weihnachten frieher un heit

Was war des doch ä schäänes Fescht
was sin mer domools froh gewest.
Was hemmer gebääd, ware voller Hoffe
die Klingelbeidel sin schier iwwergeloffe.
Dodemit warsch die Sinde quitt
un heit – heit mache die Annere de Brofit.

De ALDI, PENNY sin im Herbscht schun bereit,
verkaafe Gutsle fer die ganz Weihnachtszeit.
Lebkuche, Schdolle, Marzipan, Schokoladeherzcher
mergsch was – des Johr wird immer kerzer.

Friher hosch des alles selbscht gemacht
ä Freed fer de Kinner – was hawwe die gelacht.
Sin brav un g'schbannt vorm Ofe gsesse
un's Verbrennde derfte die glei esse.

Heit sitze se vorm Computer ganz benumme
un mit denne Ferz brauchsch nimmi kumme.
Fernseh is denne ehr negscht Indresse
Guutsle bagge?! – Nee – bloos esse!

Friher warsch drei Daach ausgebuucht,
bis de schenschte Krischtbaam war g'suucht.
Unn erscht des schmigge – was ä Blooch –
bei jeder Kerz un Kuggel, dieselb Frooch:
„Wo hängsch se hie – an welche Ascht?"
Endlich de schänschte Baam – bloos fascht.

71

Heit holsch – wie jedes Johr –
des Blasdigding aussem Keller vor.
Wie en Scherm, machschen uff mit eem Rugg
do schdeht der, de ganze Weihnachtsschmugg.
Am echte Baam hotts feierlich geklunge,
Gedichtscher gsaat un Lieder g'sunge.
Unnerm Baam mit falsche Noodle,
kannsch net singe, hegschdens joodle.

Mit de Gschenke war's friher aa net so beschdelt.
Wieso? A, mer hatte jo kee Geld.
Awwer ä kleeni Freed war fer jeden bereit
zufriede war mer – Weihnachtszeit.

Heit … kee Schdimmung, kee Verlange, keen Wille
die heilich Nacht bleibt werklich schdille.
Aach die Geschenke mache des net wett,
die sinn wohl deirer – awwer mer brauche se net.

Kee Gedichtel, kee Lied, ke Weihnachtszeit
en Daach wie alle annere – so isses heit!
Frieher war des vun alle Fescht de Renner
un heit?! – Heit schdehts bloos no im Kalenner.

Die Kripp unnerm Baam

Betracht ich mer die Kripp,
im Vergleich zu heit.
dann dud mer die Familie leid.
Die arm Fraa buzzt, kocht baggt,
kaaft ei mit wennich Geld
un bringt aach no e Kind zur Welt.

Die Freed is groß!
Bloos der erwerbslose Vadder hot Bedenke:
„Was werd die Zeit meim Kinde schenke?"
Er schaut zum Ochs – denkt an BSE:
„Bloos die Kerze aus – mer dud der Aablick weh."

73

Unnerschiedliche Glaabe

S'is heit gang un gääbe,
dass mer dorchenanner un mitenanner lääwe.
Iwwer mer en Türg im Haus
In de Mitt en Idagger
un newe guggt en Griech zum Fenschder naus.

Heersch wennich meh die eichni Schbrooch
erscht vun denne ehre Kinner
un ledschd babble aach die Alde nooch.
Um zu verschdehe brauchsch halt Zeit,
doh langsam werres Nochbersleit.

Se lääwe friedlich in unsere Midde
mit ehrm Glaabe un annere Sidde.
Vun denne ehre Breich kannsch profidiere
awwer de Relichion musch erscht kabiere.
S'is awwer net soo schwer zum verschdehe,
weil denne ehr Gebääde in de selwe Himmel gehe.
Mach der ke Lascht, du net schdehne,
am Beschde duuscht dich draa gewehne.

Bei uns en Zufall, wie's so laaft,
hot der Türg un ich e nei Audo gekaaft.
Er e großes fer siwwe Kinner un sei Fraa
un ich e kläänes, um zum ALDI zu fahr'.
Wann de Karch non nei is, un wennich benuzzt,
wird am aafang halt efders gebuzzt.

74

So de Türg mit Äämer, Berscht, Labbe un Kinner
ich mit dem selwe Graam glei dehinner.
Zum Schluss du ich en Äämer Wasser iwwers Audo
leere
De Türg dud an seim Karre de Auspuff abscheere.
„Hee, du Simbel – was soll dann des bedeide?"
„Wenn du taufscht Auto – dann ich meins
beschneide!"

De Unnerschied zwische Krischde un Moslem?
Keener!
DIE wisse wennich.
DIE glaawe alles.

Die Sunndachsbreddisch

S'is Sunndaach heit, die Glogge leit',
auf ehr Krischde, es wird Zeit
sich geche de Schloof zu wehre
um Goddes Wort heit aazuheere.
De Parrer leecht sein weiße Kraache um
un waad uffs Kärchepublikum.

Erschd bääde se – sogar de Franzel –
dann die Breddisch vun de Kanzel.
Iwwer die Sind – nix Neies debei
de Parrer muss jo ach degeeche sei.

Die Gemää hert schun e Weil nimmi zu
de Franzel leit in diefer Ruh.
Er schnarxt – was ball jeder heert –
un aach die Breddisch is jezat gschdeert.

De Parer ruft vun de Kanzel owwerunner:
„Mach doch den Kerl emool enner munner!"
Do kreischt de Nochber: „Loss mich in Ruh,
hab ich en eigschlääfert odder du?"

De Parrer grieht en digge Hals
un schennt uff Alle in de Palz.
Er doobt un fuchdelt mit de Äärm erum
un sein weiße Kraache leecht sich krumm.
Dann en Bumber wie im Kriech
die Bibel uffem Boddem liecht.

Eener biggt sich vum Bresbiterium
un de anner kreischt ehm nooch:
„Wann drowwe bisch – drehsch em a glei de
Kraache rum!"

Die Hell vun de Annere

En Schbizzbuu vor de Himmelsdeer
kreischt: „Mach uff, ich will do nei
un in Eewichkeit de Brääfschde sei!"
Doch de Petrus hot sei Zweifel
un schiggt den Kerl enunner zum Deifel.
Do de Himmel, so ganz weit drowwe,
un die Hell glei newe hunne –
war der Schbizzbuu aach ball drunne.

Gschloddert hawwem Händ un Fieß
(alles ummesunscht)
denn de Empfang war wie im Paradies.
En Haufe freeliche Leit hawwem gewunke
die hawwe gedanzt, guud gesse un getrunke.
S'is net zu glaawe – awwer wohr –
bin ich's odder sin die Leit no kloor?

Ganz werr is de Schbizzbuu rumgeflizzt,
bis an e Wand mit em kleene Schlizz.
Er guggt dorch – is ganz bedroffe,
en Raum – greeßer als de greeschde Offe.
Un drin hotts ferchterlich gebrennt
un en Haufe Mensche hawwe g'flennt,
gegrische, gegreint un gebrillt,
mit de Äärm rumgfuchtelt wie wild.

Wann des g'sehe hescht, wersch niemehr froh –
die Hell vun de Katholische – die wolle des so!

78

Geschdern, Heit un Morche

Was geschdern war, des is geloffe.
Ob traurisch warsch, freelich odder b'soffe.
Hosch Pech ghatt odder Gligg,
ken Aachebligg holsch me zurigg.
Ob dich äärschercht odder jammerscht,
des Geschdern werd heit nimmi annerscht.
Die Zeit fließt, losst sich net lenke
un du, du hosch se net, um iwwer geschdern
nozudenke.
Kehr's fort mit em recht große Besse,
bleib net dra hänge – duu's vergesse.

Hosch mool Luschd eener druff zu mache,
e ganzi Nacht lang esse, drinke, lache,
nix wie Schbrisch un dumme Bosse,
so richdich mool die Sau rauslosse,
ladsch all die Bekannte ei
aach Verwandte – awwer s'muss net sei –
schdeggs Geld ei, loss nix lieche,
haach druff, dass sich die Balge bieche,
un loss die Kuh mool richdisch flieche.
Bisch schun älder – wie lang hosch no Zeit?
Waart net – mach's heit!

Isch's Lääwe zu End – aus un vorbei,
mach kee Mengenges – des muss so sei.
Uff die Schbrisch vun Himmel un Hell
kansch dich e net verlosse.

79

Hauptsach: Du hoschs DO genosse!

Deshalb drink no e paar Verdl Woi,
dann gehsch a net dorschdisch ei.
Un schee isses, du kansch lichebleiwe,
brauchsch nix meh schaffe – nix meh treiwe.
Vorbei die Freed – awwer ach die Sorche.
Loss der viel Zeit – mach's morche.

Friehling

Friehling is die schenschde Zeit,
wenn alles grient un blieht.
Die Mädchereggscher werre korz un weit
mä buzzt die Brill – damit mer ebbes sieht.
Vechel zwitschern uff de Äscht unnem Schdamm,
Biene schwirre um die Bliede –
manchem Giggel schwillt de Kamm,
un ann're werre miede.
Haserammler sin jetzt feschde Klobber
bei mir, do duud sich nix,
mer geht de Rege uff de Schdobber.

Familienstreit

„Karl, kennschd du net mit dem Raache uffheere?"
„Warum?"
„Schunn wege deuner G'sundheit!"
„Seh ich vielleichd krank aus?"
„Karl, des sieht mä doch net vunn auße. Do mißt jo jeder Raacher im G'sicht gelb seu wie deu Finger. Inne schad's dir, inne … un bis du was merkschd, isses zu schbeed! Vielleicht hoschd a schunn en Schaade?"
„Wenn's so is, dann brauch ich a net uff zu heere!"
„Karl, denk doch a e biss'l an mich."
„Elisabeth, de ganze Daag denk ich … un wenn ich denk, dann muss ich raache!"
„Das ich net lach. Du raachscht doch net bloos beim Denke – du raachscht doch bei alle Gelegeheide. Vorrem Esse, nachem Esse, beim Fernsehe, beim Zeidung lese – mir fallt garnet uff, wann du mool net raache duuschd!"
„Nachts – im Bett – wenn isch schloof …"
„Nee, do net. Do duuschd mer was huuschde. Karl, hoschd du mool ausgerech'nt, was uns deu Wolke so koschten?"
„Nee!"
„Karl, mir kennten e viersteggisches Haus hawwe, wenn du uffheere deedschd!"
„Ha, ha, ha … weescht du, was des koscht? Do missten mir jo hunnert Johr alt wärre um vielleicht mit dem Baue afange zu kenne!"

82

„Bei deuner Rechnung schunn, weil du die Schachdel Zigaredde mit 10 Cent rechenscht. Was verrachschden so am Daach?"

„Ich wees es net. Ich hab mir dodriwwer noch ke Gedanke gemacht!"

„Jetzt muss ich awwer lache ... du Geizkraache. Rechenscht mir jeden Euro vor un bei dir is alles egal. Is dir schunnemool uffgfalle, wie oft ich meu Gardine wesche muß?"

„Nee, ich bin jo net dehääm."

„Karl, ich versprech dir – wenn du mit dem Raache uffheere deedschd, dann brauchscht mir an kem Feierdaag, Geburdsdaag, Hochzeitsdaag un so mer was zu schenke!"

„Ja, wenn des so is ... donn hedde mir ball unser viersteggisches Haus!"

„Jetzt her awwer uff, du duuscht jo grad so, als wirdschd du mich mit Gschenke iwwerheife. Wann hoschden mir mol zuledschd Blumme g'schenkt?"

„Elisabeth, des duud mir leed – des wees ich nimmi, do muss ich passe..."

„Nix weescht du, weil nix wisse willschd!"

„Elisabeth, war der Krach jetzt notwennich? Du weeschd doch, wie ich do drunner leide duu. Un wenn's mir so iss, kann ich mich nur abreagiere, wenn ich widder enni raache duu!"

83

Beim Dogder

Des Krankeweese war no net vergammelt,
do hott mer im Wardezimmer die Schei
eig'sammelt.
Un bei de Unnerhaldung mit de Patiende
gfroocht, wie mer bei ihne helfe kennte.
Fer die Eene peinlich. Annere ware do meh frei …
Wie aach en Baurebuu: „Ich, ich hab e digges Ei!“
Die Schweschder war wie vum Schlaach gedroffe
is zum Dogder neigeloffe
um zu saache
er soll dem Kerl uff's Dach nuffschlaache.

De Dogder hott dem e Schbrizz unneneigedriggt
un ihn zurigg, in's Wardezimmer g'schiggt.
Die Schweschder is glei hinnenoochgewezzt:
„Un – was hammer dann jetzt?“
„Mei Mandle sins – die mich so jugge!“
„Merge se des beim Schlugge?“

Dann war langi Pause …
„Nee, do net – awwer beim Mause!“

De Krankeb'such

„Karl, wolle me net de Unkl Heiner im Krankehaus b'suche?"
„Wann?"
„Am Sunndaach hab ich mer gedenkt."
„Do geh mer doch liewer an em annere Daach, wann wennicher Leit dort sin un de Unkl Heiner kann uns iwwer sei Kankheet uffkläre. Du weesch doch selwerscht Mamme, wann mer driwwer redde kann, dann duut's net so weeh."
„Awwer dann glei am Aafang vun de Woch. Was wolle mer dann dem Unkl Heiner mitbringe?"
„A – nix … des wer jo des Wasser in de Rhei getraache!"

Mei Fraa hott gewisst, uff wellere Schdation de Unkl Heiner geleeche is …

„Heiner – wie geht ders dann?"
„Aaach …!"
„Jo, jo – Heiner, iwwertreib mool net. Sooo schlimm werds doch net sei. Unserääns wars aach schun iwwel, awwer so wie du hab ich mich net aagschdellt. Was soll dann die Krankeschweschder vun der denke – heilandsgewiddeel is des e Bobb – e Fichur hott die – a do is jo alles draa. Hosch der die schun emool genau betracht, wie die gebaut is? Die is der no et uffgfalle – a Heiner, do bisch jo

85

werklich krank… Heiner, weche deere deet ich mer sogar e Krankheet winsche!"

„Karl, du dich net versindiche. Weesch jetzt wie's em Unkl geht?"

„Hajo – des hab ich schun mitgrieht. Un Heiner, wu duut der's dann weh?"

„Do – do – do …"

„Heiner, do kann ders doch garnet so arch weh duu. Mei Schmerze sellemools, wann die hettsch, do deetsch die glatte Wänd nuffgeh. Gell Mamme, du weesch's noch. Heiner do hott nix meh gholfe, ich hab die Zääh zsammegebisse un mer nix aamerke losse – gell Momme?"

„Karl, du hosch doch bloos Zahweh ghatt. Wann ich do heit noch draadenk, wie du dich domols draagschdellt hosch als wer's deu letschdi Schdunn. E halwie Flasch Konjak hosch g'soffe un vor lauder lauder hosch in des Friehschdiggsbrettche neigebisse. Nee erinner mich do nimmi draa, sunscht grieh ich heit noch die Boggsgischder!"

„ Jo, jo – Momme, du iwwerdreibsch mool widder. Heiner, was saache dann die Dogder?"

„Die meene …"

„Heiner, glaab denne nix! Die wolle der bloos des Raache un des Drinke verbiede un wann denne saachsch, du hettsch dodemit kee Lascht, dann wisse se nix meh. Mamme, erinnersch dich noch, hab ich net finf Dogder – finf Dogder! – ghatt weeche meim Maache un was hawwe se mer gholfe? Nix!. Mer duuts heit noch sauer

86

uffschdoose, wann ich Handkees ess un en Halwe Siesse drink. Heiner, glaab net draa, dass der die Gudseldogder helfe kenne!"

„Karl, du babbelsch mool widder dummes Zeig – so saudummes. Warum liecht de Heiner donn im Krankehaus?"

„Weil sein Dogder nimmi weider gewisst hott un des is denne ehr ganzi Erwet. Die Patiente em annere zuschiewe un dodebei en Haufe Geld eischdegge!"

„Karl, kannsch du zum Unkl Heiner amool was Verninfdiches saache, ebbes wu er sich driwwer free'e kann?"

„Hajo, Momme, Heiner geniess dein Uffenthalt so lang wie's geht! Es koscht dich jo nix!"

„Alla, Unkl Heiner, jetzt wisse mer jo wie der's geht un do kenne mer jetzt widder beruischd hääm geh!"

„Heiner – halt die Ohre schdeif – awwer sunscht bleib mer jo logger!"

G'sund bleiwe

„Karl, wolle mer net ebbes fer unser G'sundheit duu?"

„Was meensch…? Meh wie gut esse un was gut's drinke kannsch doch net!"

„Karl, in unserm Alder is des zu wennich. Gugg doch mool die Reklame im Fernseh … was do alles geboode wird, damit g'sund bleibsch!"

„Un du glaabsch do draa … das des hilft?! Weesch wem's hilft? Dem, der's verkaaft! Awwer net dem seiner G'sundheit, meh dem seim Geldbeidel. Des is doch bloos die Leit neigeleecht. Weesch was de Dogder g'saat hott: „Schade deet'ts nix – awwer helfe deet's aach nix!"

„Awwer meensch net a, dass mer zu digg sin?"

„Mamme, im Alder wersch doch klenner un du weesch doch aa, wann mer ebbes schdaucht, dann geht's in de Mitt aussenanner. Un newebei, wann mol ebbes an dich kummt musch doch ebbes uff de Ribbe hawwe – sunsch bisch glei fortgflooche!"

„Karl … uns fehlt Beweechung!!!"

„Do geb ich der Recht – zum Abnemme gheert: net soviel esse, wennich Fett, viel Beweechung un noch meh Schloof!"

„Was hott donn de Schloof mit em Abnemme zu duu? Des hab ich im ganze Lääwe no et gheert."

„Ah, Mamme, des is doch loogisch – wann schloof'sch, kannsch doch nix esse!"

„Karl, dei Gebabbel hilft mer net weider. Ich wer mich mool mit de Bertl unnerhalde, mool frooche, was die mache."

„Vun mir aus mach graad was willsch."

„Also – die Bertl hott g'saat, sie nemme Fischeel un Knowloch geje des Koleschderin, Pille fer die Durchbluudung un uff die Gelenke due se Salb schmiere, Drobbe fers Herz, Saft fer de Schduhlgang, zwee mool in de Woch Diät, Esse uhne Fleesch un an zwee Oowende gehe se turne. Un des mache mer aa!"

„Des mit zwee mool in de Woch kee Fleesch mach ich mit, awwer mit allem Annere kannsch mer gschdohle bleiwe!"

„Karl, kennsch wenichdens mit zum Turne geh."

„Nee, wann du gehsch, dann langts fer uns zwee!"

Unn was mei Fraa sich in ehrn Kobb sezzt, des macht'se aa. Die viele Pille hott se net gekaaft, do hott se meh uff mich gheert. Awwer Diätesse hotts gewwe. War jo net schlecht. Bloos fer mich war des zu wennich, ich hab noch e zwetti Diät gebraucht bis ich satt war. Awwer die Mamme hott dann aach ball die Luschd verloore un ihr Vorsätz sin immer wenicher worre; sie is aa nimmi so oft zum Turne gange.

„Aa, Mamme, wenn ich gewisst hett, dass du des Turne so schnell uffgibsch, dann hettsch mich a aamelde kenne!"

89

Bleiwe losse

Net zu glaabe – e Cabrio uhne Eile –
drinn hoggt en Schbinner mit Langeweile.
Uhne Luscht duut er de Karre lenke -
fahre kanner, bloos net denke.
Aus seim G'sischt kann ich's erroode –
leer wie en Eemer uhne Boode.
Uff eemool geh'n sei Aache uff!
Ä Määdche – mit zwee Bää bis nuff
unn owwedriwwer alles schdramm –
de Schbinner geifert, ihm schwillt de Kamm.
Soller weider faahre odder halde?
Soo schnell kann sei Herrn net schalde.
Dann bremst er voll vun dreisisch Sache,
bleggt sei Zääh, des nennt der Lache.
Des Määdche fallt druff nei – sie grinst zurigg,
des war de aafang vun dem Gligg.
Sie hoggt sich lässisch newerm hie
un zeischt zuerscht ehr runde Knie.
Dann schlächt ehr Reckel Falde –
der Schbinner kann de Bligg net gradaus halde.
Jezzt wird's Zeit *„ich muss was mache…"*
tritt uff de Bensel – 100, 150, 180 Sache.
Sie – umfasst zärtlich jetzt sei Midde
250 sin ball iwwerschridde.
Er kisst se stirmisch dodebei –
ee Hand am Schdeier – die anner frei –
un dann paggd er se mit beide Händ …
bis an en Baam … un des war's End!

Iwwer mich un fer Eich

Jetzat bin ich iwwer achtzisch ald –
des wird ke Kuh im Odewald.
Die wär schun lang vergesse
odder vun mir in Portione g'fresse.

An meim Gebortsdaach, 1930, hot mer gschriwwe,
do hätte mich die Wehe nausgetriwwe.
Hätt ich gewisst, was mä heit heert,
wär ich besser widder umgekeehrt.
Doch jetzt war ich mol uff dieser Erde
un aus mir sollt a später ebbes werde.

Nooch meim Urahn sollt ich mich mol „Parrer"
nenne –
was ich mer a hab vorstelle kenne.
Die jung Fraa, die ich mer auserkoore,
hätt ganz u'befleggt unser Kinner geboore.
Doch leider hat ich nie die Freed,
die hot'mer domols de Adolf ausgered'.

Dann kam de Kriech un war aach rum,
die Zeit fer meu Leehr un Studium,
als Ingeneer hab ich mich in Fabrigge gebeugt
un so newebei zwää Kinner gezeugt.
Ich nemms mol aa, dass des so war –
die saache Vadder un do glaab ich draa.
Bis zum Rentner bin ich geloffe un gekroche
un hab manchmol schier s'Gnick gebroche.

91

Heit – Du ich viel ruicher leewe,
mei Hörner sin ab, die Wege sin eewe,
hör un seh nimmi gut, kann net dabber laafe –
was ich brauche kennt, des gibt's net zu kaafe.
Awwer s'werd nimmi gemotzt un gschtridde –
Hauptsach is – heit bin ich zufridde.

Un dess winsch ich EICH vun ganzem Herze
macht EICH nimmi verriggt,
duut EIER Leewe net selbschd verkerze!

Über den Autor:

Karl-Heinz Ohlhäuser wurde am 25.6.1930 in Dresden geboren.

Nach dem Krieg verschlug es die Familie nach Duisburg. Dort machte er seine Prüfung als technischer Zeichner und da ihm das wohl zu wenig war, schloss er noch eine Schlosser-Prüfung dran.
In Duisburg ging er auch zur Ingenieur-Schule und machte im Alter von 25/26 Jahren seinen Ingenieur im Maschinenbau.

1957 verschlug ihn der berufliche Weg nach Ludwigshafen am Rhein.

Zwei Ehen, zwei Kinder – begleiteten seinen beruflichen Weg. Diesen beendete er im Jahr 1988 und ging in den verdienten Ruhestand.

Soweit es seine berufliche Zeit zuließ, spätestens jedoch nach seiner Pensionierung, fing er unter anderem an Büttenreden zu schreiben. Zum einen für einen Karnevalsverein in seiner neuen Heimatstadt Ludwigshafen, als auch für einen „Siedlerverein", dem er sich durch das kennen lernen einer neuen Lebensgefährtin, angeschlossen hatte.

Er sammelte Gedichte. Schrieb sogar selbst welche – obwohl er nie vorhatte jemals selbst zu schreiben. Es hatte sich einfach so ergeben.

Der hochdeutschen Sprache absolut mächtig, fing er doch an im pfälzischen Dialekt zu schreiben. Weshalb dies so war, kann er heute nicht mehr genau erklären.

Auf Grund der Vielfältigkeit seiner „Sammlung" und der eigenen „Schreibereien" war im Jahr 2000 der Wunsch in ihm geboren, einmal ein Buch zu veröffentlichen.
Dies führte im Jahr 2001 zur Veröffentlichung seines Werkes bis einschließlich des Gedichtes „Geschdern, Heit un Morche".

Die Auflage war damals bei 300 Stück. Er hatte einige verschenkt und alle anderen per Mundpropaganda verkauft.

Wie das beim „Älterwerden" oftmals geschieht, hatte das Schicksal auch für ihn ein paar negative Dinge parat: Herzinfarkt, Schlaganfall und eine schleichende Erblindung verhinderten das weitere Schreiben. Seine Lebensgefährtin konnte ihm auf Grund ihrer eigenen gesundheitlichen Probleme hier nicht weiter helfen. Jedoch pflegt sie ihn mit ihren nunmehr fast 86 Jahren (sie ist drei Jahre älter als er) immer noch aufopfernd.

94

Zu seinem Gedenken (er soll natürlich noch lange leben) und als Erinnerung an ihn wurde sein letztes, ihm verbliebenes, Buch zur Vorlage für diese jetzige, neue Auflage genommen. Ergänzt mit Werken, die man noch bei ihm gefunden hat - die der damaligen Veröffentlichung entgangen waren.

Auch diese Kurzvita war in dem damaligen Buch nicht vorhanden.

Sein Gesundheitszustand hat sich anfang des Jahres 2013 noch einmal drastisch verschlechtert.

Das Buch soll in dieser Ausführung seinen Lebensabend in dem Wissen verschönern, dass er etwas „für immer" geschaffen hat.

Erschienen ist das Buch in dieser Form im Jahr 2013, noch vor seinem 83sten Geburtstag.